TaVe

Nur wer sich erinnern kann,
hat Kraft für die Gegenwart
und die Zukunft.

MONIKA TINHOFER

DRESDNER ZEITEN

TAUCHAER VERLAG

KURZWEILIGES Nr. 24

Das Autorenhonorar wird dem Wiederaufbau der Frauenkirche in Dresden gewidmet.

Tinhofer, Monika:
Dresdner Zeiten / Monika Tinhofer. –
1. Aufl.-[Taucha]: Tauchaer Verlag, 1998.
ISBN 3-910074-86-3

Lektorat: Silvia Krautz
Gestaltung: Helmut Selle
Herstellung:
Neumann & Nürnberger, Leipzig
Satz und Reproduktion:
XYZ-Satzstudio, Naumburg
Druck und Verarbeitung:
Westermann Druck Zwickau
Printed in Germany
ISBN 3-910074-86-3

INHALT

Kindheit und Jugend im alten Dresden

DIE GANS

Mein Großvater war Frauenarzt und besaß in der Schweizer Straße in Dresden eine kleine Privatfrauenklinik. Er war sehr beliebt bei seinen Patientinnen und außerdem sehr erfolgreich. Viele Frauen, die sich jahrelang vergeblich Kinder gewünscht hatten, wurden nach seiner Behandlung schwanger – was beim damaligen Stand der Medizin noch nicht als selbstverständlich galt. Manche seiner Patientinnen waren Bäuerinnen und hatten ihre Gutshöfe in der Umgebung Dresdens. So kam es, daß im Krieg oft nahrhafte Geschenke bei meinem Großvater abgegeben wurden.

Eines Tages, als er wieder am Operationstisch stand, kam eine Schwester herein und hielt ihm ein rosa Paket hin. Er fauchte sie an: »Stören Sie mich nicht, legen Sie die Gans draußen ab!« Zur Operationsschwester meinte er: »Das ist schon die siebente Gans, die ich diesen Monat kriege.«

Die Schwester mit dem Bündel sagte: »Aber Herr Doktor, das is doch e Kind.« Er hatte das, vom hellerleuchteten Operationsfeld wegblickend, nicht wahrgenommen.

Der Tatbestand wurde bald aufgeklärt: Eine Mutter war mit ihrer sechzehnjährigen Tochter, die über Leibschmerzen klagte, zu einem Arzt gegangen. Dieser überwies sie wegen eines Geschwüres zum

zum Frauenarzt. Während die Mutter in die Klinik vorausging, um die Anmeldung zu erledigen, und der Taxifahrer sich um das Gepäck bemühte, betrat auch die Tochter das Haus. Der Fahrer fand das Kind auf den Stufen des Einganges liegen – im Winter! Vor Schreck ließ er den Koffer fallen und trug das Kind hinein. Die Tochter hatte der Mutter auch in der Klinik nichts von ihrer Sturzgeburt erzählt.

Die Schwestern waren voller Freude, endlich wieder einen Säugling im Haus zu haben. Eiligst wurden die Babyutensilien vom Depot herbeigeschafft.

Die Sache nahm ein gutes Ende. Die Mutter des Mädchens hatte sich bald von dem Schreck erholt und meinte, das Kind könne ganz gut mit ihren eigenen, jüngeren Kindern aufwachsen. Opa erzählte diese wahre Geschichte immer wieder mit neuen Ausschmückungen.

DIE DETEKTIV-OMI

Mit zehn Jahren beschloß ich, Rauchen zu lernen. Da ich ein streng erzogenes Einzelkind war, traute ich mich nicht, in einen Zigarettenladen zu gehen. Aus Opas Rauchschrank hätte ich leicht etwas entwenden können, aber erstens wollte ich nicht stehlen und zweitens wäre eine größere Fehlmenge meiner Omi sofort aufgefallen.

Also klingelte ich beim Hausmeister und bat, die Tochter Ilse, meine Gespielin, sprechen zu dürfen. Ich erläuterte ihr meinen Wunsch und fragte, ob sie sich trauen würde, Zigaretten zu kaufen. Sie war gleich einverstanden und wollte wissen, welche

Sorte sie nehmen sollte. Ich meinte, »Milde Sorte« sei vielleicht für Anfänger am geeignetsten.

Am nächsten Tag zogen wir uns in unser »Chalet« zurück – eine Bude aus Brettern und Kisten an der vier Meter hohen Mauer, die unseren Ober- vom Untergarten trennte. Hier waren wir vom Haus aus nicht zu sehen. Wir machten uns gleich an die Arbeit. »Wir müssen unbedingt inhalieren, sonst ist es nicht richtig und schade um die teuren Zigaretten«, meinte ich.

Jede wollte tapfer die andere übertreffen, aber nach jedem Zug mußten wir schrecklich husten. Also besorgten wir uns aus der Remise eine leere Weinflasche und füllten sie an der Gartenleitung mit Wasser. Danach ging das Rauchen etwas besser, aber bald plagte uns heftigster Durchfall. Öftere Besuche im Haus hätten Omi bald stutzig gemacht, also fanden wir ein verschwiegenes Plätzchen im Garten. Auch Zeitungen aus der alten Remise leisteten gute Dienste. Als jeder zehn Zigaretten geraucht hatte, vergruben wir den Rest unter den Sitzkisten im Laub.

Ich mußte abends oft voressen, weil Opa noch in der Ordination aufgehalten wurde. An diesem Tag verlangte ich noch zweimal »Bemmchen« nach. Omi, die mich immer viel zu dünn fand, strahlte übers ganze Gesicht und meinte: »Das kommt, weil du so lange in der guten Luft im Freien warst.«

Am nächsten Morgen sah ich Omi mit traurigem, sorgenvollem Gesicht am Frühstückstisch sitzen. Danach versammelte sich die ganze Familie und Opa sagte: »Monel, ich muß mit dir reden«, dabei konnte er aber ein Schmunzeln nicht unterdrükken. Naja, lange Rede, kurzer Sinn: Omi hatte beim

Gute-Nacht-Kuß den Rauch gerochen. Mit ihrem Spürsinn hatte sie unser ganzes Zigarettenlager und sogar das verschwiegene Örtchen gefunden.

Einige Zeit durfte ich nicht mit Ilse zusammenkommen. Omi wußte es immer so einzurichten, daß ich mit ihr spazierengehen mußte. Das langweilte mich maßlos, aber wie gern täte ich es heute noch ein einziges Mal.

Opa nahm es nicht so ernst. Er lehrte mich mit zwölf Jahren Autofahren, denn er hatte als Arzt einen kleinen Opel, sogar im Krieg. Auch Schießen hat er mir beigebracht. Dazu wurden Schießscheiben an der hohen Mauer im Garten angebracht. Es machte mir viel Spaß. Wenn ich jetzt im Alter mit meinen Enkeln auf den Jahrmarkt gehe, wird die Schießbude nicht ausgelassen, und sie staunen über meine Treffsicherheit. Da habe ich einmal gesagt: »Ja, früh hat sich geübt, was ein Meister werden will.«

SONNTAGMORGEN

Am Sonntagmorgen durfte ich immer zu Opa und Omi ins Bett. Das war die Krönung der Gemütlichkeit der ganzen Woche. In einer großen Fensternische wurde der Frühstückstisch für meine Eltern, meinen Onkel und mich gedeckt. Die Großeltern frühstückten im Bett. In dem breiten Fenster waren an den Innenflügeln waagerechte Bleche angebaut, auf denen acht Alpenveilchen standen, die man beim Schwenken der Fensterflügel mitschwenken konnte. Außerdem fingen die Bleche eventuell überlaufendes Wasser auf. Diese Vorrichtung hatten wir in allen Hauptzimmern. Der Frühstückstisch davor war mit einem gestärkten Tischtuch und passenden Servietten sowie Meissener Porzellan gedeckt. Urgroßmutter hatte unzählige Garnituren solcher Tischwäsche gestickt. Außen am Fenster war ein Vogelhaus angebracht, zu dem viele Besucher kamen. Opa kannte die Vielfalt der Vögel und erklärte mir ihre Lebensgewohnheiten.

Bis die Eltern kamen, bettelte ich Opa immer, mir Streiche aus seiner Jugend zu erzählen. Die meisten waren umwerfend spannend oder komisch – er muß ein rechter Schlingel gewesen sein. Eines Tages sagte er: »Ich kann mich an keine Streiche mehr erinnern, die ich dir nicht schon erzählt habe.« Als ich ihn jedoch weiter bettelte und bedrängte, sagte er: »Ja, jetzt fällt mir noch was ein.« Diese Geschichte war dann ein so besonders einfallsreicher und gefährlicher Streich, daß ich vor Bewunderung platt war.

Abends wollte ich diese Geschichte meinen Eltern nacherzählen. Kaum hatte ich angefangen, brachen sie in Gelächter aus – denn es war ein Film, der gerade in den Dresdner Kinos lief, nur leicht abgewandelt. Ich war fassungslos, daß Opa mich so angeflunkert hatte. Aber bald mußte ich lächeln und verzieh ihm, denn er hatte mir ja nur ein Vergnügen bereiten wollen.

In der Mitte des Vormittags kam der Barbier ins Haus, der schon seit Jahrzehnten mit allen Familienangelegenheiten vertraut war und außerdem viel Stadtklatsch mitbrachte. Er rasierte Opa und Onkel, die Gespräche gingen hin und her, vom Frühstückstisch zum Bett und von dort ins Badezimmer, dessen Türe offenstand, so daß ich den Handlungen zuschauen konnte.

Mein Onkel trug eine Glatze, und das Polieren mit der rotierenden Bürstenwalze machte auf mich besonderen Eindruck. Überhaupt hatte der Barbier schwungvolle, leicht theatralisch übertriebene Bewegungen, um seiner Tätigkeit die entsprechende Wichtigkeit zu verleihen. Den Abschluß der Vorführung bildete das Einmassieren eines wohlduftenden Rasierwassers.

VOM SCHWEIZERVIERTEL DURCH DIE PRAGER STRASSE ZUM »BELLEVUE«

Mein Großvater pflegte alle Familienfeste im Hotel »Bellevue« zu feiern, dem besten Hotel in Dresden. Es machte Reklame, daß es sogar Appartements mit eigenem Bad und WC anbieten könne – ein unwahrscheinlicher Luxus zu dieser Zeit. Die Küche war berühmt, und die Töchter wohlhabender Familien schätzten sich glücklich, wenn sie dort einen Kochkurs besuchen durften. Die handgeschriebenen Kochbücher waren Reliquien.

Schon die Vorbereitung für solch ein Familienfest versetzte mich in Aufregung: der große Horch wurde auf den letzten Glanz poliert, der Friseur kam ins Haus, Vermutungen über die Speisekarte wurden diskutiert. Rechtzeitig setzte sich die Autokolonne vom Schweizerviertel Richtung Hauptbahnhof in Bewegung.

Bald kamen wir in die Prager Straße, wo sich elegante Geschäfte wie auf einer Perlenkette aneinanderreihten. Gegenüber von Großvaters Praxis lag das Modenhaus »Salzmann«, das fesche, sportliche

Die Mode im Sommer 1917.

Mode anbot. Wenn wir auf Großvater warteten, betrachteten wir in den Schaufenstern die geschmackvoll arrangierten, erstklassigen Stücke. Für Kinder war »Spielzeug-Müller« der große Anziehungspunkt. Im ersten Stock befanden sich Schneidersalons wie »Huber«, wo Kunden, die nicht von der Stange kauften, arbeiten ließen.

Vorbei ging es an den glitzernden Auslagen der Juweliere und Silberschmiede Schnauffer, Schäfer oder Mau. Etliche berühmte Kaffeehäuser passierten wir, wobei mir »Rumpelmeier« in besonderer Erinnerung ist, weil mein Vater dort ganze Vormittage lang das reichhaltige Zeitungsangebot stu-

Elegantes Interieur des »Bellevue«.

dierte. Onkel Hans spazierte mit mir oft zu »Lehmann & Leichsenring«, der den besten und frischesten Kaviar anbot.

Der Wagen rollte nun an den Kinos UFA, Universum, Prinzeß und Kapitol vorbei, wo wir Mädchen gern vor den Schaukästen die Fotos der Schauspieler, für die wir gerade schwärmten, anhimmelten. Dann ging es in die Seestraße mit Vaters Feinkostgeschäft »Käse-Delling«, einem berühmten Laden mit unwahrscheinlichem Angebot verschiedener Käse- und Buttersorten.

Danach fuhren die Autos über den Altmarkt, wo das elegante Kaufhaus »Renner« mit der ersten

Rolltreppe stand. Es verschickte zweimal jährlich einen 90seitigen Katalog kostenlos an seine Kunden, hunderte Modelle waren darin gezeichnet. Auch die Konditorei »Kreutzkamm« war hier zu finden, berühmt für ihre Baumkuchen und Stollen. Von dort aus waren es nur noch wenige Meter durch die leicht gebogene Schloßstraße, vorbei an wunderschönen Barockhäusern durchs Georgentor, wo sich dem Betrachter ein überwältigender Anblick mit der Hofkirche, der Brühlschen Terrasse und der Augustusbrücke mit dem Blockhaus bot.

Schwenkte das Auto nach links, Richtung »Bellevue«, dann zeigte sich der Theaterplatz in seiner unvergleichlichen Schönheit mit Semperoper, Zwinger, Taschenbergpalais und Königsschloß. Schon als Kind war ich tief berührt von diesem Anblick.

Das »Bellevue« trug seinen Namen zu Recht, denn aus den Südfenstern blickte man auf den Theaterplatz, nach Norden auf die Augustusbrücke und den gemächlich fließenden Elbstrom mit seinen jahreszeitlich und wettermäßig bedingten Schattierungen und Farben. Das Festmahl und das ganze Ambiente waren untadelig.

DAS FORELLENPICKNICK

Opa besaß ein Forellenwasser in Wilsdruff, zwölf Kilometer von Dresden entfernt, das zu seiner Jagd gehörte. An jedem ersten Mai und einmal im Herbst wurde ein großes Forellenfischen mit Picknick veranstaltet. Es war ein Fest für die ganze Familie und ihre Freunde.

Mehrere Autos parkten auf einer Wiese unter Bäumen, nahe dem Bach. Unter einer riesigen, alten Kastanie wurde die »Tafel« aufgebaut – aus Lotterbetten, die ein buntes Tischtuch bedeckte. Klappbänke und -stühle wurden herbeigeschafft. Die Getränke kamen in Jutesäcke eingebunden in den kühlen Bach.

Dann begann es: ein Fischer aus dem Dorf watete mit Netzen stromaufwärts. Er stocherte die Forellen aus ihren Verstecken zwischen den Wurzeln der angrenzenden Gebüsche und fing sie mit den Netzen oder mit der bloßen Hand. Er warf sie zu den Begleitern, von denen sich einige Wasserbehälter umgehängt hatten. Der Waldboden war übersät mit blühenden Maiglöckchen. Die ganze Gegend duftete danach. Das junge, saftige Grün der Büsche und Bäume schimmerte im Sonnenschein.

Nach einigen Kilometern wurde Mittagspause eingelegt, wir gingen zum Picknickplatz zurück, wo die Fische in größere Wasserbehälter in den Autos umgefüllt wurden. Die Speisen waren schon aufgetischt: erfrischende Salate, pikante Aufstriche, Aufschnitt- und Käseplatten, harte Eier, kalte Hühnchen, Butter und Brot verschiedenster Art. Dazu tranken wir die herrlich gekühlten Getränke. Zum Abschluß wurden Kaffee und Tee aus Thermosflaschen gereicht, außerdem gab es köstlichste Blechkuchen und Torten, denn jede Familie hatte eine Spezialität mitgebracht.

Wenn der Bach leergefischt war – er hieß übrigens »Wilde Sau« – wurde schnellstens das Auto mit den Forellen nach Hause geschickt, wo diese in die vorbereiteten Badewannen kamen, in denen das Wasser nun einige Tage ununterbrochen rinnen mußte.

Während dieser Zeit hieß es, auf Badehygiene zu verzichten, bis alle Forellen gegessen oder verteilt waren. Natürlich erhielt auch die Klinik ihren Anteil.

VOGELWEIHNACHT

Schon zu DDR-Zeiten war ich mit meinem Mann etliche Male nach Dresden gereist, um mit ihm die Wege meiner Kindheit zu gehen. So kamen wir auch in die Dresdner Heide. Bei einem Platz in einer Mulde blieb ich stehen. »Hier muß es gewesen sein«, sagte ich, dabei blickte ich ungläubig und zugleich staunend an den Stämmen der inzwischen riesigen Fichten zu den zwanzig Meter hohen Wipfeln empor.

Um mich bei guter Laune zu halten, mußte Omi immer wieder neue Attraktionen für die von mir gar nicht geschätzten Waldspaziergänge erfinden. Einen Tag vor Heiligabend sagte sie: »Heute wollen wir den Vögeln des Waldes Weihnacht bescheren.« Sie öffnete eine Tasche und zauberte daraus Kerzen mit Haltern sowie Kekse mit Aufhängern und einige Meisenringe hervor. Wir wählten ein Bäumchen aus und schüttelten den vielen Schnee ab. Dann begannen wir, es zu schmücken. Als wir die Kerzen anzündeten, fing es wieder leicht zu schneien an. Dabei war es vollkommen windstill. Es herrschte eine unbeschreibliche Stimmung und Ruhe. Heute, nach mehr als fünfzig Jahren, ist sie mir noch so lebendig, als sei erst kurze Zeit vergangen.

Mein Vaterhaus in der Tiergartenstraße am Großen Garten.

Als wir gingen, ließen wir die Kerzen brennen. Ich drehte mich beim Weggehen oft um und sah, wie das Bäumchen im matten Schein seiner Umgebung in der Dämmerung immer kleiner wurde.

DIE TEICHE DES GROSSEN GARTENS

Es scheint in meiner Kindheit viel kältere Winter gegeben zu haben als jetzt. Die Teiche im Großen Garten, einem Park in der Stadt, waren fast den ganzen Winter zugefroren und für den Eislauf geeignet.

Am Carolateich, nach einer sächsischen Königin benannt, gab es eine hübsche Gaststätte, das Carolaschlößchen, wo man sich laben und auch die damals üblichen Schlittschuhe mit einem Schlüssel an die normalen Straßenschnürstiefel anschrauben konnte.

Der Neuteich war mir näher, weil meine Eltern jetzt eine eigene Wohnung in der Stübelallee hatten und nur an den Wochenenden zu den Großeltern in die Leubnitzer Straße übersiedelten. Am Neuteich wurde jeden Winter für die Eisläufer eine große Baracke aufgestellt. Hier konnte man kleine Naschereien und heiße Limonaden kaufen. Die Kinder durften auch ihre Lieblingsschallplatten bestellen.

Dieses Eislaufen auf natürlichen Teichen in einer parkartigen Umgebung, von alten Bäumen umrandet, mit Inseln, um die man fahren und Brücken, unter denen man hindurchflitzen konnte, kann man nicht vergleichen mit den viereckigen Kunsteisbah-

Carolateich.

nen inmitten eines Häusermeeres, wie sie den meisten Stadtkindern zur Verfügung stehen. Auch die sächsische Königsfamilie, allen voran der König, der sehr volksnah war, vergnügte sich hier zu Zeiten der Kindheit meiner Mutter.

Im Sommer konnte man im Großen Garten zwischen herrlichen Blumenbeeten lustwandeln. Die Kavalierhäuschen beim Palais beherbergten kleine Gaststätten, wo die Besucher unter schattigen Kastanien am Palaisteich saßen. Neben den Alleen und außen um den Großen Garten waren sandige Reitwege angelegt. Mancher Pferdefreund hielt sich in der Nähe des Parks Pferde und betrieb seinen Morgensport vor dem Geschäft. Das war nichts Besonderes, weil jede größere Villa früher Kutschen-

pferde gehalten hatte und daher Stallungen vorhanden waren. Die entzückende Liliputbahn mit einer Dampflokomotive gibt es heute noch.

Nach dem Bombenangriff am 13. Februar 1945 hatten sich Tausende aus der Feuerhölle in den Großen Garten und auch auf die Elbwiesen geflüchtet. Aber die nächsten Bombenwellen bewarfen diese Flecken besonders, weil sie als nicht brennende Oasen herausstachen. Bei den folgenden Tagesangriffen beschossen Tiefflieger diese Flüchtlinge.

DIE FRAUENKIRCHE

Wie gerne ging ich im Advent zum Striezelmarkt am Altmarkt. Meine ganze Liebe galt den hölzernen, erzgebirgischen, gedrechselten Figuren und besonders den Räuchermännchen. Ich habe eine ansehnliche Sammlung, die jeden Advent aufgestellt wird. Die glitzernden Glaskugeln, Weihnachtssterne und Glöckchen vermitteln so richtige Weihnachtsstimmung. Aber was wäre ein solcher Markt ohne Naschereien? Da gab es sächsische Pfeffernüsse, Honiglebkuchen, Dörrpflaumen und Christstollen zum Kosten.

In späteren Jahren wechselte der Weihnachtsmarkt in den Stallhof, was mir ganz besonders gut gefiel. Durch den geschlossenen Hof war der Markt windgeschützt und anheimelnd. Die Buden wurden teilweise zwischen den Arkaden und in Reihen in der Mitte aufgestellt.

Von hier aus lag die Frauenkirche nur ein paar Schritte entfernt. Noch heute erinnere ich mich an die wunderschönen Christmetten. Das gewaltige Rund des Kuppelbaues wirkte im Inneren mit seinen vier Emporen, die nur zum Altarraum hin offen waren, wie eine riesige Umarmung der Menge der Gläubigen. An Festtagen ertönten Musik und Chor unsichtbar aus der Kuppel und waren mit der wunderbaren Akustik ein überwältigendes Erlebnis.

Die für mich schönsten Bilder der Frauenkirche stammen von Gotthard Kühl aus seinen Dresdner Jahren von 1895–1915, der nach Canaletto der bedeutendste Dresden-Chronist als Maler war. Er schuf über 150 Stadtansichten, manche von ungewöhnlichen Blickwinkeln aus gemalt. Etliche Bilder von der Frauenkirche malte er von einem erhöhten Standplatz aus, wie die Bilder vom Töpfermarkt, wo die Kirche nur Bildbegrenzung, aber zugleich Schwerpunkt ist. Eine andere Vorliebe galt den Brücken, besonders der Augustusbrücke, und dem Wasser bei Winterstimmungen. Davon gibt es im Ausstellungskatalog von 1993 gleich vier Bilder, jedes in einer anderen Farbstellung, je nach Stimmung, Jahreszeit und Witterung. Alle sind vom gleichen Platz auf der Brühlschen Terrasse aus gemalt, wo Gotthard Kühl auch sein Atelier hatte.

Die Brühlsche Terrasse mit ihrem Blick auf die Hofkirche, die Frauenkirche mit der sie umgebenden Dachlandschaft, die Augustusbrücke und die Neustadt sucht ihresgleichen auf der Welt.

Es wurde diskutiert, die Ruinenreste der Frauenkirche aus Kostengründen als Mahnmal stehen zu lassen. Dann griff man den skurrilen Gedanken auf, die Kuppel als Attrappe auf Stelzen zu stellen, um die Silhouette zu komplettieren. Da aber weltweit bereits private und öffentliche zweckgebundene

Blick über die Elbe auf die Brühlsche Terrasse und die Frauenkirche, 1937.

Spenden eingegangen waren und Benefizveranstaltungen – Jehudi Menuhin – stattfanden, entschied man sich für den Wiederaufbau.

Ich hoffe, mit diesem Büchlein dazu beitragen zu können.

DIE SCHILLERSTRASSE

Juttemie war meine beste Freundin, wir besuchten dieselbe Klasse. Ihr Familienleben war völlig konträr zu meinem. Bei ihr ging es frei und leger zu, jeder durfte in gewissen Grenzen tun, was er wollte. Man konnte gehen und einfach kommen, wenn man Hunger hatte. Ich bewunderte diese Familie, denn bei der meinigen waren alle Tagesabläufe genau geregelt. Mahlzeiten und Schlafengehen mußten nach der Uhr stattfinden.

»Heute fahren wir die Schillerstraße runter mit den Rädern. Du nimmst meines und ich das von Peter«, schlug Juttemie vor. Peter war ihr um vier Jahre älterer Bruder, ich war in den feschen Burschen verliebt. Sein mit Accessoires reich bestücktes Rad sah fast wie ein Motorrad aus, auch breitere Reifen hatte Peter anmontiert.

Wir radelten zur Schillerstraße, einer sehr steilen, schmalen Straße mit einer hohen Mauer an einer Seite und einem Gehsteig und Mauer auf der anderen. Dort angekommen, schrie Juttemie: »Vollgas, juche!«

Wir rasten völlig ungebremst die steile Straße hinunter, es gab ja kaum Verkehr, aber auch Sturzhelme waren damals unbekannt. Es war eine echte Mutprobe. Wenn das meine Familie gesehen hätte!

Schillerstraße.

Solche Erlebnisse schweißten zusammen, und wir konnten uns abends nicht trennen. Bald rief Omi schon an, ob ich auch unterwegs sei. »Sie geht gerade«, sagte dann Mutter Stock.

Juttemie begleitete mich immer zur Straßenbahnhaltestelle »Mordgrundbrücke«, ich weiß aber nicht und niemand weiß es, wer da jemals ermordet worden sein soll. Wenn wir die »11« vom Weißen Hirsch runterkommen hörten, bat Juttemie: »Laß die noch durch.« So geschah es, daß ich oft drei Bahnen vorbeiwinkte.

Omi meinte dann vorwurfsvoll: »Du hast aber lange gebraucht.« »Die Bahn war so überfüllt, ich bin nicht reingekommen«, schwindelte ich. Da Omi nie abends Bahn fuhr, konnte sie das auch nicht beurteilen.

WINTERGENÜSSE

Eines Tages nahm mich Juttemie bei der Hand und sagte: »Komm, ich weiß, was wir machen können.« Wir streunten durch fremde Gärten und überkletterten Zäune, es war Winter, und es lag Schnee. Schließlich erreichten wir den Park des Lingnerschlosses an den südseitigen Elbhängen. Wir stapften durch den tiefen Schnee, bis wir zu einem großen Glashaus kamen, an dessen Südseite Spalierwein wuchs. Die Blätter waren abgefallen, aber viele Trauben hingen noch im Gezweig. Wir kosteten, und sie schmeckten einfach köstlich. Da sie schon einigen Frost abbekommen hatten, waren sie zuckersüß.

Die Wintersonne schien recht warm, und wir setzten uns auf ein paar Kisten. Man kann den seltenen Genuß heute, wo man das ganze Jahr über verschiedene Traubensorten aus südlichen Ländern zur Verfügung hat, kaum nachvollziehen. Mit Blick auf die schöne Silhouette der Stadt genossen wir die etwas schrumpeligen Eistrauben. Der Elbstrom glitzerte, und wir träumten von der Zukunft, so wie es eben halbwüchsige, schwärmerische Mädchen tun. Wir ahnten nicht, was uns bald bevorstehen würde. Ich glaube, dies war der letzte glückliche, unbeschwerte Tag meiner Kindheit.

PETER

Als ich hörte, daß Peter auf Heimaturlaub sei und seine Freundin Fee ebenfalls zu Besuch da wäre, besuchte ich sie. Er war achtzehn und man wußte nicht, was ihm noch bevorstand und wie lange der Krieg noch dauern würde, daher war er mit Fee verlobt. Sie war siebzehn.

Wir saßen alle, auch Mutter Stock, vor dem offenen Kamin des gemütlichen Hauses. Peter schmiedete Pläne für die Zeit nach dem Krieg. Er wollte Arzt werden wie sein Vater, deshalb war er als Sanitäter eingerückt. Er legte Schallplatten auf und tanzte mit Fee im schummrigen Licht. Sie waren ein sehr schönes Paar, und ich wurde ein bißchen eifersüchtig. Später legte er verbotene amerikanische Platten auf, die unter Hitler als entartete Kunst galten und noch dazu vom Feind stammten. Peter hatte sie auf dubiosen Wegen besorgt. Sie tanzten alle damals modernen amerikanischen Tänze, und ich rätselte, wo sie die gesehen und gelernt hatten.

Beider Eltern akzeptierten, daß sie miteinander schliefen, was damals besonders in »guten Häusern« sehr unüblich war. Einige Wochen später endete der Krieg. Dresden lag zerstört. Peter war in den letzten Kriegstagen gefallen.

»GOLD GAB ICH FÜR EISEN«

Das war ein gängiger Slogan in der zweiten Hälfte des Zweiten Weltkrieges. Immer wieder gab es Aufrufe, für den Endsieg Edelmetalle zu spenden. Wenn Frauen das Letzte, das sie noch an Edelmetall besaßen, nämlich ihren Ehering, spendeten, bekamen sie einen Ring aus Eisen!

Großvater war kein Nazi, aber er wußte, wenn wir den Krieg verlieren würden, käme Furchtbares auf Deutschland zu, obwohl damals noch niemand vom Morgenthau-Plan gehört hatte. Deshalb befürwortete Großvater jede Spende. Bei einer Sammlung gab er zwei wunderschöne silberne Bodensektkühler ab. Großmutter jammerte tagelang, aber ihr Maß war voll, als Opa an einer Hausmauer seine zehn geliebten Jagdgewehre vergraben ließ, denn die sollten auch abgegeben werden. »Deine Gewehre versteckst du, aber meine Sektkübel, die zu meinem Hausrat gehören, die spendest du!«

Ich habe schon nach den Gewehren, die gut in Ölpapier verpackt waren, gesucht, leider vergeblich. Wahrscheinlich hat der Chauffeur, der Opa beim Vergraben half, sie später verkauft.

Noch ein Opfer brachte Opa, um einen Beitrag zu leisten, damit der Krieg nicht verlorengehen würde: er nahm eine Hypothek auf sein Haus auf, um eine Kriegsanleihe zu zeichnen. Diese Hypothek lastet noch heute auf dem Grundstück, und ich werde sie eines Tages tilgen müssen, während alle Sparbücher und Konten verloren sind.

Der Luftangriff

FASCHINGSDIENSTAG, 13. FEBRUAR 1945

Der Faschingsdienstag ist für mich jedesmal der schwerste Tag des Jahres. Ich sehe Verkäuferinnen und Kinder, auch meine Enkel, in lustigen Faschingskostümen. Dabei denke ich: »Ihr Ahnungslosen, Glücklichen, genießt die frohe Zeit!«

Mein Stiefvater hatte früh erkannt, daß Deutschland den Krieg verlieren würde. Da er Wiener war, siedelten wir 1941 in seine Heimatstadt über, in der Hoffnung, in einem neutralen Land besser leben zu können. Als unser Haus von einer Bombe getroffen worden war, blieb ich nach dem gemeinsamen Weihnachten 1944 wieder bei meinen Großeltern in Dresden. Damals glaubten wir noch, daß Churchill seine schützende Hand über die von ihm so geschätzte Kunststadt halten würde.

Berlin wurde oft angegriffen, dabei überflogen feindliche Geschwader, wenn sie sich dem Ziel von Süden näherten, Dresden. Wir betrachteten die Flugzeuge trotz Alarm furchtlos. Manchmal wurden Flugzettel mit Propaganda abgeworfen. Es war streng verboten, diese zu lesen, aber welcher Nervenkitzel bestand für eine Jugendliche darin, sie als Souvenir zu sammeln! Auch »Lametta« wurde abgeworfen, das waren dünne Streifen, die die Luftabwehr stören sollten.

Es gab fast jeden Abend Alarm. Wir standen immer im Hauseingang und horchten auf die Flugzeuge mit anderen Zielen. Aber am 13. Februar 1945 war es anders. Gleich nach dem Alarm hörten wir von allen Seiten Flugzeuge heranbrausen, dann fielen schon die ersten Bomben. Wir eilten in den Luftschutzkeller, der ein Weinkeller meines Großvaters war und noch ein Stockwerk unter dem eigentlichen Hauskeller lag. Es begann ein Donnern und Krachen von Einschlägen, mehr oder minder nahe, es kam uns wie eine Ewigkeit vor. Im Keller standen auch völlig fremde Leute, die von der Straße hereingeeilt waren.

Auf einmal ein furchtbarer Knall! Ich bekam einen Schlag auf die Brust, und die Kellerraumtür flog herein. Steine polterten die Treppe herunter. Später erfuhren wir, daß eine Luftmine das Nebenhaus getroffen hatte. Der meiste Luftdruck war jedoch abgewehrt worden, weil unser Grundstück durch eine vier Meter hohe, gemauerte Geländestufe von dem Nebengrundstück getrennt war.

Als es etwas ruhiger wurde, wagten wir uns, obwohl noch keine Entwarnung gegeben worden war, aus dem Keller, um zu sehen, ob das Haus überhaupt noch stand. Es stand noch, nur ein Teil des Daches war auf der Seite, wo die Luftmine heruntergegangen war, abgerissen, und alle Fenster waren kaputt. Ein Feuerorkan wehte Schwaden von Funken gegen uns. Die ganze Umgebung war ein einziger Funkenregen, alles roterleuchtet. Wir schützten uns mit nassen Tüchern und Decken.

Alle Häuser der Umgebung brannten. In unserem Haus hatten Vorhänge und Polstermöbel Feuer gefangen. Alle, auch die Fremden, eilten von Zimmer

Diese Schönheit! Und Heute?
Hauptbahnhof, Eingangshalle mit Kuppel.

zu Zimmer, rissen Vorhänge samt Karniesen herunter und löschten die Polstermöbel, die wir weit von den Fenstern wegrückten. Die Großeltern waren wie gelähmt, deshalb organisierte ich die Löscharbeiten.

Großvater hatte vorbildlich alle Vorschriften befolgt und überall Kübel mit Sand aufgestellt, mit dem wir die Flammen erstickten. Diese Eimer waren so zahlreich vorhanden, weil sie aus der Klinik kamen und vorher Marmelade oder andere Lebensmittel enthalten hatten.

Nach den Luftminen, Spreng- und Brandbomben waren noch Phosphorkanister abgeworfen worden. Der Phosphor rann brennend an der Hausfassade herunter – man konnte ihn nicht löschen. Männer auf Leitern hackten die brennenden Geschwüre heraus und vergruben sie. Das Altersheim, das zuerst nur am Dach brannte, stand bald ganz in Flammen. Niemand hatte Zeit zum Löschen, denn die Alten mußten in Sicherheit gebracht werden. Das Luftminenhaus war ein Trümmerhaufen mit obenauf liegendem brennendem Dachstuhl.

Auch in der zweiten Nacht konnten wir nicht schlafen. Jede Stunde wurde ein Kontrollgang durchs ganze Haus gemacht, bis zum Dachboden, wo man durch den ziegellosen Dachstuhl den noch immer rotglühenden Himmel sah.

AUF HERBERGSSUCHE

Am Morgen stellten wir fest, daß wir ohne Fenster, Wasser, Strom und Gas im Winter nicht bleiben konnten. Auch das halbe Dach war abgedeckt. Patienten und Personal wurden in ein Ausweichlokal gebracht – wie das ohne Telefon funktionierte, weiß ich nicht mehr. Alle diese Personen kamen einige Stunden später bei einem Tagesangriff um. Ich schlug vor, mit dem Rad zu Onkel Hans nach Gruna zu fahren, um zu sehen, ob wir dort unterkommen könnten. Ich war auch unruhig, weil ich ihn sehr liebte und wissen wollte, wie es ihm ging.

Ich konnte kaum fahren, weil ich das Rad über Äste, Trümmer und Kabel heben mußte. Beim Hauptbahnhof bot sich mir ein grausiger Anblick: unter den Arkaden warf man hunderte Leichen auf Haufen, um sie für die Verbrennung am Altmarkt zu sammeln. Acht bis zehn Kubikmeter Menschenasche wurden auf den Heidefriedhof gebracht und beigesetzt. Noch heute, nach mehr als fünfzig

Jahren, muß ich wie im Zwang den Blick dorthin wenden, wenn ich mit dem Auto diese Stelle passiere.

Auf einem Platz sah ich verkohlte, einen Meter große Klumpen liegen, es waren Leichen. Ein Mann stand daneben, ich fragte: »Waren das Kinder?« Er antwortete: »Nein, die schrumpfen im Feuer so.«

Im Buch »Verbrannt bis zur Unkenntlichkeit« ist zu lesen, daß man den nicht verkohlten Toten guterhaltene Schuhe und Kleider zur Weiterverwendung abnahm. Sie wurden für eine Mark pro Stück an Arbeitslager verkauft mit dem Hinweis, für die Desinfektion sei selbst zu sorgen.

Als ich zu Onkel Hans' Mehrfamilienhaus kam, war dort genau so ein Steinhaufen wie bei der Luftminenvilla. Mein Herz krampfte sich zusammen. Plötzlich erblickte ich eine Frau, die in dem Haufen herumstocherte. Beklommen fragte ich sie: »Lebt da noch jemand?« Sie antwortete: »Ja, die konnten sich freigraben und sitzen alle drüben beim Pfarrer.« Ich eilte hinüber. Schluchzend fielen wir uns um den Hals und sagten immer wieder: »Daß du noch lebst!«

Inzwischen hatte ich das Ausmaß der Vernichtung erkannt, denn ich glaubte anfangs, nur unser Viertel sei betroffen, weil es wenige hundert Meter Luftlinie vom Bahnhof entfernt lag. Aber es waren 15 km^2 dichtverbautes Gebiet zerstört worden. 1500 Tonnen Luftminen, 200 000 Sprengbomben und 650 000 Brandbomben waren auf die geliebte Stadt niedergegangen. 40% aller Wohngebäude wurden zerstört – mit ihnen ungezählte, unwiederbringliche Kulturgüter und Schätze.

Über die Zahl der Toten herrscht Uneinigkeit, of-

Neumarkt, Ruine der Frauenkirche, um 1946.

fiziell wird von 35 000 gesprochen. Wenn man aber Vergleiche mit anderen Städten, zum Beispiel Kassel, zieht, dann weiß man, daß diese Zahl nicht stimmen kann. Dresden hatte rund 600 000 Einwohner, dazu kamen ca. 600 000 Flüchtlinge aus den schlesischen Gebieten, also waren diese Menschenmassen extrem gedrängt auf engem Raum und weitgehend ungeschützt. Kassel hatte 300 000 Einwohner und wurde mit 800 Bombern angegriffen, man zählte 48 000 Tote. Dresden wurde mit mehreren Tausend Bombern angegriffen, daher ist aus den vorher erwähnten Gründen mit 300 000 Toten zu rechnen.

Alle Augenzeugen berichteten, daß beim zweiten Angriff niemand lebend aus dem Feuersturm der Innenstadt von 1000–1700 Grad entkam, wenn er sich nicht an der Elbe oder einer größeren Grünanlage befand. Wenn auch die auf Befehl Verbrannten und die Beerdigten gezählt werden konnten, so ist es unmöglich gewesen, die im Feuersturm Verbrannten und die von den Trümmern Erschlagenen zu zählen, weil einfach nichts mehr da war, was man hätte zählen können.

Der Feuersturm tobte mit 290 Stundenkilometern. Brennende Menschen sprangen in die Löschteiche, wo sie verbrühten. Auf dem Fluß trieb eine Schicht brennenden Phosphors. Die Menschen, an denen er haften blieb, waren unrettbar verloren.

Dem Plan des amerikanischen Finanzministers Henry Morgenthau zufolge sollte Deutschland ausradiert werden. Dazu gehörte neben der Vernichtung von Menschen ganz gezielt die Zerstörung der Kulturdenkmäler. Dies zeigt ein Plan der Royal Airforce, auf dem das zu bombardierende Innenstadtareal genau eingezeichnet ist. Der Morgenthau-Plan sah außerdem vor, Deutschland in mehrere agrarische Teile zu zergliedern und alle Industrien abzumontieren, damit niemals wieder ein wirtschaftlich starkes Deutschland entstehen könne. Die Industrieanlagen wurden als Kriegsbeute verschleppt. Deshalb waren die kleineren Industrien außerhalb Dresdens beim Luftangriff verschont worden. Später fielen sie unversehrt den Russen in die Hände.

Es gab keine Truppen und keinerlei Flugabwehr in der Stadt. Die schwimmenden Munitionsdepots auf der Elbe und die Kasernen am Stadtrand wurden verschont. Die Gegenseite behauptete immer, die Moral der Zivilbevölkerung brechen zu wollen, um den Krieg früher zu beenden. Ob dieses Argument stimmt, wird nie bewiesen werden können.

Als wir uns gefaßt hatten, schlug ich vor, zu Tante Hanna auf den Weißen Hirsch weiterzufahren, um zu sehen, ob wir dort unterkommen könnten. Inzwischen verteilte die Frau des Pfarrers Eingemachtes an die Familien – das einzig Eßbare, das sie noch hatte.

Ich fuhr durch Gruna, wo auch die schöne Zwingli-Apotheke von Onkel Hans nicht mehr existierte. Weil sich die Straßenbahnhaltestelle direkt gegenüber befand, hatte ich den Onkel fast täglich nach der Schule besucht. Meist war er in seiner »Hexenküche«, wie ich es nannte, beschäftigt. Damals wurden noch viele Medikamente beim Apotheker zusammengebraut. Es wurde gewogen, zermahlen, gerührt, geformt und abgefüllt. Hier gab es für mich ein interessantes Geheimdepot: eine Kiste mit Schokoladen der Firma Hildebrand, denn Onkel Hans bezog von dort Zusätze für seine Medikamente.

Die Apotheke meines Onkels.

Die Apotheke betreute ein großes Einzugsgebiet. In entfernten Wohnvierteln hatte mein Onkel eigene Briefkästen anbringen lassen, wo Kranke ihre Rezepte einwarfen und das Medikament am nächsten Tag in die Wohnung geliefert bekamen. Nach nur 4 Jahren konnte er den Kredit für die Apotheke, die 1923 erbaut worden war, an meinen Großvater zurückzahlen.

Onkel Hans hat später Schmuck verkauft, damit er in der Nähe, in der Garage einer unzerstörten Villa, eine Notapotheke einrichten konnte. Die selbstgezimmerten Regale bestanden aus rohen Brettern. Die Medikamente holte er per Fahrrad im Rucksack.

Ich durchquerte Blasewitz, das mit seinen schönen Villen und Gärten nicht so zerstört wirkte. Über das »Blaue Wunder« gelangte ich über die Elbe nach Loschwitz, das mir fast unversehrt erschien. Nur eine verirrte Bombe hatte die schöne, kleine

Loschwitzer Kirche zerstört, ein Bau von J. Fehre d. Ä. und George Bähr, dem Erbauer der Frauenkirche. Es war ein achteckiger Saalbau mit Mansarddach und einem Dachreiterturm gewesen, errichtet 1705–1708. Die steile Schillerstraße mußte ich das Rad hinaufschieben, dabei lächelte ich unwillkürlich, als ich an die fröhlichen Abenteuer dachte, die ich vor nicht langer Zeit hier erlebt hatte. Welche Welten der Empfindungen lagen dazwischen.

Der Schriftsteller Friedrich Dieckmann schrieb in der »Frankfurter Allgemeinen«: »Goebbels Propaganda streute Gerüchte über den bevorstehenden Einsatz einer neuen Wunderwaffe in der Bevölkerung aus, und viele glaubten daran. Die Wunderwaffe gab es wirklich, aber nicht in Deutschland. Der Vormarsch der Sieger, der Rückzug der Geschlagenen – beides war ein Wettlauf mit der Zeit; der Countdown lief in der Wüste von Neu-Mexiko.

Für den Fall, daß die kleine Bombe fertig würde, ehe Deutschland kapituliert hatte, waren Abwurfziele ausgesucht; DRESDEN GEHÖRTE ZU IHNEN. Als am 8. Mai 1945 die russischen Truppen des General Konjew in die Stadt einrückten, war das, was von der Stadt übriggeblieben war, in zweifachem Sinn davongekommen. Ein Vierteljahr später und eine deutsche Stadt wäre Hiroshima geworden.«

In der Kurparkstraße angekommen, traf ich Tante Hanna weinend. Onkel Otto schlug sich mit der Hand auf die Stirn und schrie: »Ich habe mich versündigt!« Ich wußte, sie hatten vor wenigen Wochen ihren einzigen Sohn in Rußland verloren, und Onkel hatte oft – vor Frau und Tochter – gesagt, er würde sich das Leben nehmen. Mein Vater versuchte ihn zu trösten und mahnte auch: »Otto, versündige dich nicht, du hast noch deine liebe Frau und Tochter.«

Brigitte, die Tochter, war nach dem ersten Angriff in die Stadt gelaufen, um nach einer Freundin zu sehen. Da sie bis mittags noch nicht zurück war, fürchteten die Eltern das Schlimmste. Hanna bot uns allen Zuflucht an, neben ihren beiden Schwestern, die schon da waren. Bevor ich sie verließ, kam Brigitte wohlbehalten, aber völlig verstört aus der Stadt zurück. Sie flüchtete zwei Wochen später aus Angst vor den Russen in die Schweiz, wo sie Freunde hatte. Dort heiratete sie einen 34 Jahre älteren Mann, wahrscheinlich auf der Suche nach einer Vaterfigur. Jahre später nahm auch sie sich das Leben, so wie es ihr Vater bald nach dem Krieg getan hatte. Wieviele Menschen konnten ihr Schicksal nicht bewältigen?

Diesmal raste ich nicht mehr ungebremst die Schillerstraße herunter. Ich war müde von den Löscharbeiten der ganzen Nacht, von dem weiten Weg und den Eindrücken, außerdem hatte ich nun Verantwortung zu tragen für meine »Oldies«. Zuerst überbrachte ich meinen Verwandten die gute Nachricht, daß man sie aufnehmen würde. Onkel

Hans und Tante Liesel machten sich sogleich zu Fuß auf den Weg. Jeder hatte nur ein kleines Handköfferchen und eine Tasche mit Wertgegenständen.

DAS TOTE KIND

Als ich schon fast wieder beim Großelternhaus war, hörte ich über mir Flugzeuggebrumm. Ich sah im sonnenklaren Himmel ein Rudel Flugzeuge durcheinanderkreisen und wußte, das war das Sammeln vor dem Abwurf. In diesem Moment rauschten schon die Bomben. Es war keine Zeit mehr, einen Keller zu suchen, also warf ich mich an einer Gartenmauer auf den Boden. Ich wußte: die Bombe, die du hörst, trifft dich nicht, aber die nächste kann es sein. Ungeschützt erlebte ich zum dritten Mal furchtbare Todesangst, in meiner Not betete ich und tat mehrere Gelübde, so als wolle ich Gott mein Leben abkaufen. In einer Pause hob ich den Kopf, als zwei Meter vor mir eine Stabbrandbombe auf den Gehsteig fiel. Wir hatten in der Schule gelernt, daß diese nach ein paar Sekunden explodieren und brennenden Phosphor verspritzen würden. In Panik kroch ich auf dem Bauch rückwärts, aber die gefürchtete Explosion war nur ein Zerplatzen und Ausrinnen eines brennenden Inhalts. In einiger Entfernung sah ich Leute in einem Keller verschwinden, eilig schob ich mein Rad dorthin, blieb aber am Eingang stehen, denn ich wollte mein Rad, das jetzt kostbarer als ein Auto war, für das man kein Benzin bekam, nicht unbeaufsichtigt lassen.

Später sah ich ein kleines, ungefähr vierjähriges Mädchen auf der Straße liegen, so als ob es im

Laufen gestolpert und niedergefallen sei. Ich ging zu ihm. Da ich sein Gesicht nicht sehen konnte, berührte ich es – es war tot. Ich schaute mich um, aber ich konnte weit und breit keinen Menschen entdecken. Das Kind war im Tod ganz allein gewesen. Vielleicht hatte es in dem Inferno die Mutter verloren oder gar sterben sehen, war dann weggerannt und vor Angst gestorben, denn es hatte keine sichtbaren Verletzungen. Es war hier auch keine Luftmine niedergegangen, so daß eine zerrissene Lunge als Todesursache nicht in Frage kam.

Als ich meinen Weg fortsetzte, ging mir das Kind nicht aus dem Kopf. Ich wußte von einer Mutter, die ihren vier Kindern, alle unter zehn Jahren, bei jedem Alarm vorbereitete Ledersäckchen umhängte, in dem außer einem Schildchen mit Namen und Geburtsdaten ein paar kleine Schmuckstücke und ein Geldschein waren. Ich hatte das nie begriffen, denn ich vermochte mir nicht vorzustellen, wie Kinder von ihrer Mutter getrennt werden könnten.

DIE FLUCHT

Großvaters kleines Auto packten wir mit Lebensmitteln voll, denn die Vorräte der Klinik waren in unserem Privatkeller eingelagert. Die Menschen, für die sie bestimmt gewesen waren, lebten nicht mehr; so konnten wir eine zehnköpfige Familie eine Zeit lang ernähren.

Wir verließen unser schönes, unversperrbares Haus mit allen seinen Wertgegenständen, Bildern und Teppichen. Alles war relativ: in wenigen Stunden hatten sich die Wertigkeiten geändert. Materielle Werte und Verluste schienen unwichtig, nur das Leben zählte. Die Ausfallstraßen waren mit Flüchtlingen, die ihre letzte Habe auf Leiterwägelchen zogen, verstopft.

Im folgenden war die Zeit bei Tante Hanna auf dem Weißen Hirsch in Liebe und Geborgenheit nach all dem Grauen eine meiner glücklichsten und intensivsten. Wir waren unversehrt, hatten zu essen und eine geheizte Bleibe. Wenn man aus dem Fenster blickte, sah man Ströme von Flüchtlingen, die in den Wald und die dahinter liegenden Dörfer zogen.

An meine Eltern sandte ich täglich sogenannte »Lebenszeichen«, diese sollten bevorzugt befördert werden und durften nur Absender, Adressat sowie zehn Worte enthalten.

Onkel Hans wurde nach ein paar Tagen unruhig, denn es ging das Gerücht, daß die Banken die Safes öffnen würden, um den Inhalt nicht den Russen in die Hände fallen zu lassen. Er machte sich zu Fuß auf den weiten Weg, um das Silberbesteck zu holen, so viel der alte Mann tragen konnte. Wenn ich es heute in die Hand nehme, werden Erinnerungen wach.

VATERS UHR

Vater besaß damals noch eine alte Taschenuhr, ein Erbstück, der Deckel war fein ziseliert, ebenso die Rückseite. Wenn er den Deckel aufspringen ließ, ertönte ein wunderschönes Geläut. Vater sah dann lächelnd wie ein Kind auf seine geliebte Uhr. Die hatten die Russen bei ihrem nächtlichen Überfall

Königliche Hofewiese »Dresdner Heide«.

auf die Wohnung nicht entdeckt, denn sie war in zwei Metern Höhe in der Klospülung versteckt gewesen.

Eines Tages waren die letzten Kartoffeln verbraucht und wir hatten überhaupt nichts mehr zu essen. Da sagte Vater: »Ich werde wohl doch mein letztes Stück, die goldene Uhr, bei den Russen gegen etwas zu essen eintauschen müssen.«

Als er uns verließ, war ich in meinen Gefühlen hin- und hergerissen. Einerseits hatte ich großen Hunger, andererseits hoffte ich, er würde sie nicht eintauschen können. Ein Russe gab ihm für die Uhr 50kg Mehl, aber so viel konnte er nicht tragen, also füllte er nur die große Tasche. Nochmals wollte er nicht gehen, denn die Russen verschleppten Männer nach Sibirien zum Arbeiten.

Manchmal denke ich an die Uhr. Heute könnte ich mir eine solche leisten, aber ich habe nie wieder eine solche gesehen, und was wäre sie ohne den Zauber der Kindheit?

EIN DENKMAL FÜR HARRIS

Mit großer Empörung haben viele Menschen die Enthüllung eines Denkmals für Bomberkommander Harris, genannt »Der Schlächter von Dresden«, und die Anwesenheit der Königin-Mutter zur Kenntnis genommen. Seit es Feiern zum Gedenken an die Zerstörung deutscher Städte in der Endphase des Zweiten Weltkrieges gibt, wird der deutsche Luftangriff auf Coventry, seine Zerstörung und die der Kathedrale vom November 1940 in die Waagschale geworfen, um das Erschüttern und die Gnadenlosigkeit der britischen Bombenangriffe nicht in Ressentiments umschlagen zu lassen. Gut fünfzig Jahre später sollte man sich die Frage stellen, ob es dem Gedenken der Opfer der Feuerstürme des Februar 1945 gerecht wird, ihr Leiden und Sterben mit dem Verweis auf Coventry rechtfertigen zu wollen.

Der deutsche Luftangriff auf Coventry in der Nacht vom 14. zum 15. November 1940 forderte 568 Tote und 863 Verletzte. Er galt einer Stadt, in der das Zentrum der britischen Flugzeugmotorenproduktion lag. Die wichtigsten Betriebe befanden sich in der mittelalterlichen Innenstadt. Als die Verbände einen zweiten Luftangriff auf Coventry fliegen sollten, der wahrscheinlich die britische Flugzeugmotorenproduktion zum Erliegen gebracht hätte, verirrten sich Bomber und trafen statt dessen die Stadt Leicester.

Weil in Coventry eine Stadt des Mittelalters und eine Kathedrale zerstört worden war, wurde diese Stadt zum Hauptthema der britischen Propaganda. Die rührige Stadtverwaltung nutzte die Zerstörung für eine langgeplante Sanierung der Innenstadt und zogen ein Gutteil der für die Kriegsgeschädigten im Regierungsprogramm vorgesehenen Mittel an sich. Dieser radikalen baulichen Sanierung ist es schließlich zu verdanken, daß sich nach Kriegsende in der Tat der Eindruck einer »totalen« Zerstörung der Stadt aufdrängen konnte, weil bis dahin auch das unzerstörte Drittel der Stadt abgerissen worden war.

Der deutsche Luftangriff auf Coventry ist allenfalls mit dem britischen Bombardement auf Rostock im Jahre 1942 zu vergleichen, das baulich und industriell ähnlich strukturiert war. Die mörderische Maschinerie, die in den letzten Kriegswochen neben Dresden noch eine Anzahl deutscher Städte verglühte, bietet Coventry keine Entsprechung. Diese Städte besaßen keine nennenswerte Kriegsindustrie und wurden nicht verteidigt. Es ergab keinen Sinn, sie zu zerstören, außer dem einen, so viele Deutsche als möglich umzubringen, wie Arthur Harris, Chef des Bomber-Command, schon 1943 in einem Antwortschreiben an den Bischof von Coventry betont hatte. Er konnte mit dieser Meinung nicht allein dastehen, sonst wären diese Bombardements nicht möglich gewesen. Wo blieb da die berühmte britische Fairness und Achtung gegenüber dem Feind? Als ich einmal in Österreich Zeuge wurde, wie man ein englisches Flugzeug abschoß und der Pilot sich mit dem Fallschirm rettete, hoffte ich, daß er heil landen möge.

Hauptverantwortlich für die Strategie der Feuerstürme auf deutsche Städte war der »Bomber-Harris« genannte, acht Jahre nach dem Krieg geadelte Luftmarschall Arthur Harris. Auch nach Kriegsende beharrte er auf seiner Meinung: »Sie alle (die Deutschen) haben Hitler und sein Kriegsprogramm gewählt. Ich hielt es für gut, den Deutschen klarzumachen, daß Krieg eine bestialische Angelegenheit ist und sie dafür mit eigenem Blut und Gut zahlen müssen.« Harris hatte den Städtekrieg selbst gegen den heftigsten Widerstand in der britischen Armee fortgesetzt.

Am 13. Februar lag das deutsche Volk bereits besiegt am Boden, und der Angriff auf Dresden hatte keinerlei strategischen Wert mehr, er war nur haßerfüllte Rache. Man muß aber zugeben, daß das nicht die repräsentative Meinung der britischen Öffentlichkeit war und ist. Viele bemühen sich jetzt um Vergebung und Versöhnung. Als die englische Königin kürzlich Dresden einen Besuch abstattete, machte sie eine Stadtrundfahrt, bei der sie auch an der Ruine der Frauenkirche vorbeikam, wo sie mit Pfiffen bedacht wurde.

Diese Ruine war bis zu dem Entschluß, sie doch wieder aufzubauen, ein Mahnmal. Hierher pilgerten an jedem Jahrestag der Zerstörung viele Dresdner, um mit brennenden Kerzen der vielen Toten und der Vernichtung unwiederbringlicher Kulturgüter zu gedenken. Bei der Enthüllung des Harrisdenkmals durch die Königin-Mutter als Patronin der R.A.F gab es heftige Proteste – nicht nur in Deutschland, sondern auch in Großbritannien, wo Demonstranten die Königin-Mutter am Weitersprechen hinderten, bis sie von der Polizei abgeführt wurden.

Viele Menschen sind der Meinung, daß die Entfernung des Denkmals für Harris aus der Öffentlichkeit eine Versöhnung nach fünfzig Jahren näherbringen würde. Natürlich muß man bedenken, daß Hitler und Göring die Initiatoren des »Totalen Krieges« waren, aber die haben ja auch kein Denkmal! Jedenfalls zeugt die Errichtung des Denkmals nicht von Takt und echtem Versöhnungswillen.

Schon als das Denkmal geplant wurde, regte sich, wie mir der Bischof von Coventry in einem Brief mitteilte, Widerspruch. Der Provost der Kathedrale von Coventry und Bischof Bell von Chichester schlugen vor, das Denkmal allen Piloten des Bomber-Command und den Menschen, die auf beiden Seiten durch die Luftangriffe gelitten hatten, zu widmen. Dieser Kompromiß wurde leider von den älteren Offizieren der R.A.F nicht akzeptiert. Ich hatte den Bischof gebeten, seinen großen Einfluß für die Entfernung des Denkmals geltend zu machen. Er schrieb mir jedoch, daß die Zeit noch nicht reif sei. Wenn aber die »Erlebnisgeneration« abgetreten ist, wird sich niemand mehr dafür interessieren.

Der Bischof teilte mir mit, daß unter dem Patronat des weltberühmten Geigers Jehudi Menuhin, der Dresden sehr geliebt hat, der »Dresden-Trust« gegründet wurde, der durch Benefizkonzerte Mittel für den Wiederaufbau der Frauenkirche aufbringen will – als Symbol der Versöhnung und der Reue. Das Kuppelkreuz soll von der englischen Regierung gespendet werden. Trotz dieser wunderbaren Geste hoffe ich, daß eines Tages die Zeit reif ist für die Entfernung des Denkmals.

Jedenfalls versicherte Bischof Simon Warrington-Ward, daß weder die Vernichtung deutscher Städte noch die Ehrung für Harris der repräsentative Wunsch des englischen Volkes sei. Der Bischof hat auch beim Gedenkgottesdienst in der Hofkirche in Dresden an den 50-Jahr-Gedenken teilgenommen und bei seiner Predigt in der Kreuzkirche sehr versöhnliche Worte gefunden.

Die historischen Tatsachen und Teile des Textes dieses Kapitels wurden mit freundlicher Genehmigung des Historikers Lutz Budraß wiedergegeben.

Dresden danach

EINE NICHT WIRKLICHE REISE ZUR LEIPZIGER MESSE

Beim Einmarsch der Russen fürchtete ich, bald nicht mehr zu den Eltern nach Österreich zurückkehren zu können. Deshalb machte ich mich allein auf die gefährliche, vier Tage dauernde Reise und kam wohlbehalten in Wien an, wo meine Familie von nun an lebte. Allerdings hatten wir lange keine Möglichkeit, die Großeltern zu besuchen. Irgendwann gab uns jemand den Tip, man könne ohne Visum in die DDR einreisen, wenn man zur Leipziger Messe führe. Dies war nach vielen Jahren die erste Gelegenheit, Großmutter wiederzusehen.

Meine Mutter und ich beschlossen, dem Rat zu folgen und einfach in Dresden auszusteigen. Das Busunternehmen hatte uns versichert, daß der Fahrer uns am Dresdner Hauptbahnhof absetzen und bei der Heimreise wieder aufnehmen würde. Wir mußten uns nur verpflichten, uns in Leipzig den Messestempel zu holen.

Natürlich machten wir uns schwer strafbar, ebenso die Person, die uns aufnahm, aber das riskierten wir. Von den Hausbewohnern hatten wir nichts zu befürchten, das waren alles Freunde aus alten Zeiten, die Großmutter als Ausgebombte aufgenommen hatte. Aus dem Haus gingen wir kaum.

Es war eine unbeschreibliche Begrüßung nach so

langer Zeit! Neun Jahre hatten wir uns nicht gesehen. Wir hatten nicht einmal zu Opas Begräbnis kommen können.

Omi lebte in einem einzigen Zimmer der großen Villa, alles andere hatte sie vergeben. Die Mieter gaben ihr, da sie keinerlei Rente bekam, als Miete, was sie entbehren konnten. Neben diesem Zimmer, dem ehemaligen Speisezimmer, lag die Anrichte. Hier hatte Großmutter eine kleine Küche installiert, die gleichzeitig als Waschraum diente. An diese grenzte noch der Wintergarten, jetzt Lagerraum für Briketts und Lebensmittel, denn auch die Zentralheizung war wegen Heizmaterialmangel stillgelegt. Hier bereitete Omi für Mutter und mich ein Matratzenlager.

Ich hatte mir das Leben meiner Großmutter nicht so armselig vorgestellt, obwohl wir in Wien auch an vielen Dingen Mangel litten und keineswegs in Luxus lebten. Großmutter vermietete sogar eine Nähmaschine an eine Ausbesserungsschneiderin. Ansonsten mußte sie viel verkaufen, einmal ein Bild, ein andermal eine schöne Meissener Vase. Leider wurde sie auch betrogen: als sie eine Perlenkette für eine Dachreparatur verkaufen mußte, sagte man ihr, es seien keine echten, sondern Zuchtperlen. Das war nicht glaubwürdig, denn Großvater, der ein angesehener Mann war, hatte nur in einem renommierten Geschäft gekauft, der Juwelier hätte sich ihm gegenüber so etwas nicht leisten können.

Die vielen Eindrücke ließen mich nicht einschlafen, und ich blickte mich in dem kahlen, unwirtlichen Raum mit den Kohlenkisten und Stellagen um. Im schwachen Mondlicht sah alles so trist aus. Ich versuchte in meiner Erinnerung, diesen Raum,

Meine Mutter Ellen.

in dem alle Heiligen Abende begonnen hatten, so lange ich denken konnte, zurückzuholen.

Das Klavier stand hier, auf dem Opa »Stille Nacht« spielte. Omi sang mit wunderbarer, inniger Stimme, während die anderen Familienmitglieder und die Angestellten leise mitsummten. In der Mitte des Raumes waren wegen der Kühle auf einer großen Tafel die Kreutzkammstollen und die zweipfündigen Marzipanschweine aufgebaut. Da Omi eine Tochter von Anton Reiche war, der die weltweit größte Fabrik für Schokoladeformen aufgebaut hatte, bekamen wir von vielen Schokoladefabriken die besten und frischesten Erzeugnisse als Präsent. Auch diese waren auf dem Tisch arrangiert, während die halbvollen Kisten darunter standen. Ich konnte mich nicht beherrschen, während des feierlichen Singens dorthin zu blinzeln, denn dieser Raum war sonst immer verschlossen, nur Omi hatte den Schlüssel.

Wenn Opa den Klavierdeckel zuklappte, gingen alle durch das Speisezimmer, wo sich gerade die große zweiflügelige Schiebetüre auftat, um den Blick ins Wohnzimmer freizugeben. Dort stand in einer Nische der große Christbaum. Er reichte bis an die Decke des hohen Raumes und war in tagelanger Arbeit dicht mit Lametta behängt worden, auch die kleinen Verzweigungen. Weiße Kerzen und ein Schwebeengel an der Spitze vervollständigten das feierliche Bild. In der aufsteigenden Wärme der Kerzen bewegte sich das Lametta ganz fein und glitzerte. Der Baum wirkte wie ein großer Engel mit ausgebreiteten Händen und Schwingen. Während ich die Weihnachtsgeschichte aufsagte, blickte ich nur auf den Baum.

Für alle waren Gabentische künstlerisch arrangiert und mit viel Tannengrün geschmückt. Manchmal war etwas besonders gut versteckt, einmal ein Perlenkettchen, ein andermal eine schöne Füllfeder. Auf meinen Wunschzettel hatte ich einmal »Alte Bücher« geschrieben, damit waren nicht gebrauchte, sondern altertümliche Bücher gemeint. Opa fand im Antiquariat einer Patientin fünf große Mappen von Ludwig Richter mit herrlichen Illustrationen zu Schillers »Glocke«, zum »Vater Unser«, »Beschauliches und Erbauliches«, »Gesammelte Bilder fürs Haus«. Ich konnte mich nicht sattsehen an den Holzschnitten, die das Leben vor hundert Jahren beschrieben. Ein Buch war König Johann von Sachsen gewidmet. Opa machte mich aufmerksam: »Schau, auf jedem Bild ist ein Hundel oder Kätzel drauf.«

Angeregt durch die schönen Mappen habe ich mich später sehr für Ludwig Richter interessiert. Ich lernte ihn als hervorragenden Zeichner kennen und seine Öllandschaften lieben. 1984 hatte ich das Glück, die Ausstellung »Ludwig Richter und sein Kreis« auf der Brühlschen Terrasse sehen zu dürfen. Dort besuchte ich später auch die großartige Ausstellung über Gotthard Kühl, den Malerchronisten vom alten Dresden, der die nun unwiederbringlich zerstörten Ansichten von Dresden in seinen Bildern festhielt.

Von Großmutter, die immer mehr fürs Praktische und die Gesundheit war, bekam ich wunderschöne handgestrickte Strümpfe und Unterhosen aus feiner Wolle in zarten Farbtönen. So schön diese Dinge zum Anschauen waren, getragen habe ich sie nie, weil sie doch etwas kratzten.

So bin ich in der Nacht meinen Erinnerungen gefolgt, und sie gaben mir die Gewißheit, daß man all das Schöne, das man erlebt hat, nie verlieren kann. Was gäbe ich heute darum, wenn wir einmal den Weihnachtsbaum fotografiert hätten. Aber vielleicht ist das auch gut so, denn wie das oft mit Kindheitserinnerungen so ist – in der Erinnerung und Phantasie erscheinen sie oft größer und herrlicher, als die Wirklichkeit war.

SCHMUGGEL

Bei einem unserer ersten Besuche wollte Omi mir unbedingt etwas für die Aussteuer schenken, denn ich hatte inzwischen geheiratet. Sie gab mir eine riesige, alte Meissener Platte – nicht wissend, daß Meissener Porzellan und Antiquitäten keinesfalls ausgeführt werden durften. Ich wollte sie nicht kränken und nahm das Geschenk mit einem mulmigen Gefühl an.

Ich verpackte die Platte, indem ich sie mit einigen Kleidungsstücken umwickelte und in der Mitte des Koffers plazierte. Bei den DDR-Zöllnern öffnete ich mit Herzklopfen den Koffer. Da aber Zöllner nicht mit ihren Händen in der Wäsche wühlen durften, bedeuteten sie mir, die Schichten hochzuheben, um auf den Boden sehen zu können. So entdeckten sie nichts, sonst wäre ich die kostbare Platte losgewesen und wäre noch dazu bestraft worden. Sie wird nur zu ganz besonderen Anlässen, wie Familienfesten, genutzt.

Bei unseren Besuchen brachten wir Omi die unglaublichsten Mitbringsel mit: einmal konnte sie keine Glühbirnen auftreiben, ein andermal keine Nähnadeln … und das viele Jahre nach dem Krieg!

Sie aß außerdem sehr gerne Schokolade und Marzipan, daher versuchten wir, mehr als die erlaubte Menge von 250 Gramm zu schmuggeln. Während eines solchen Besuches lieferte ein Bub meiner Großmutter mit dem Fahrrad Lebensmittel, was er öfter tat, denn Omi war gehbehindert. Da sie ihm für seine Dienste nie Trinkgeld geben konnte, trennte sie sich spontan von einer Tafel Schokolade, etwas Unerreichbares für den Buben in dieser Zeit. Als ich ihn fast fünfzig Jahre später kennenlernte, erzählte er mir diese Geschichte, die er bis heute nicht vergessen hat.

DIE MUSTERZIMMER

Eines Tages äußerte Großmutter bei einem unserer Besuche den Wunsch, mit dem Auto zum Trümmergrundstück der Fabrik ihres Vaters gefahren zu werden. Es war die Fabrik für Schokoladeformen und Blechemballagen (Warenverpackungen) auf einem Areal von mehr als 14 000 m². Nur ein Gebäude war stehengeblieben, weil es eine Belastbarkeit von 1800 kg/m² hatte und die Bomben es nicht durchschlagen konnten. Leider war aber das Dachgeschoß ausgebrannt, in dem sich die Musterzimmer befunden hatten. Voller Traurigkeit blickte ich hinauf, denn an diese erinnerte ich mich am lebhaftesten. Einer meiner Onkel hatte mich manchmal dorthin mitgenommen. Es war für mich eine bunte Spielzeug- und Märchenwelt gewesen, denn dort wurden die Pralinenformen und die Formen für

Tafelschokolade mit interessanten Reliefs ausgestellt. Ich stellte mir genüßlich vor, welche Unmengen köstlicher, süßer Schokolade da hineinrinnen würden.

Was gab es nicht alles an Formen für Hohlfiguren: Weihnachtsmänner, Osterhasen, Lämmer, Kühe, Pferde, Schwäne, Käfer, Schlittenfahrer, Hündchen, Katzen, Werkzeuge, Autos und Schiffe. Man kann gar nicht alles aufzählen, insgesamt mußten es 50 000 Formen gewesen sein, von denen natürlich immer wieder welche aussortiert wurden. Alle Formen, die akademisch ausgebildete Künstler entworfen hatten, waren patentiert.

Ich blätterte auch gern in den großen, dicken Musterbüchern, die auf mich wie Bilderbücher wirkten. Auf den Tischen waren die Muster etagenweise aufgebaut, damit man einen guten Überblick hatte. Dann gab es Stellagen für Dosen: die Teedosen hatten Abbildungen fernöstlicher Menschen und Landschaften, die Kakaodosen waren geschmückt mit Holländern in Tracht und Holzpantinen, mit Segelschiffen und Windmühlen. Auch große Vorrats- und Spenderdosen für den Kaufmann, zum Beispiel für Kaffee, waren zu sehen. Es gab Kleindosen für Schuhcreme, Hustenbonbons, Bodenwachs und viele andere Haushaltsartikel. Auch viele Zierdosen für den Haushalt mit wunderbaren künstlerischen Jugendstilmustern wurden gezeigt.

Und dann die Wände! Sie waren eng bestückt mit Reklameblechplakaten, die für alle Dinge des täglichen Konsums warben: für Lebensmittel, Strickwolle, Waschmittel, Rauchwaren, Getränke, Schokolade, Zeitungen, Schuhpaste, Arzneimittel und vieles mehr.

Backformen der Firma Anton Reiche.

Bei den Figuren fragte mich Onkel manchmal, welche mir wohl am besten gefielen, um herauszufinden, was Kinder am meisten anspräche. Natürlich waren die drolligen Hündchen meine erklärten Lieblinge. Hätte ich mir doch damals ein paar Stücke mitgenommen, heute habe ich nur noch Fotos. Diese Figuren und auch die Blech- und Emailplakate sind heute hochbezahlte Sammlerobjekte, so wie alle alte Werbung. Bei einer einschlägigen Auktion im Wiener Dorotheum wurde kürzlich für ein Emailplakat eines berühmten japanischen Künstlers, das für Tee warb, eine Million Österreichische Schilling bezahlt.

Beklommen trennten wir uns von dem großen Areal. 24 Stunden hatten vernichtet, was in zwei Generationen mit dem Fleiß vieler Menschen aufgebaut worden war.

Ich habe den großen Wunsch und den Plan, wenigstens einen Bruchteil dessen, was meine Vorfahren aufbauten und was jetzt zerstört ist, wieder zu errichten, um eine Spur zu hinterlassen, wenn auch nicht für die Ewigkeit, so doch vielleicht für eine längere Zeitspanne.

Der Einzelne ist in die Kette seiner Vorfahren und Nachkommen eingeordnet. Alles, was wir sind, haben wir von unseren Vorfahren. Als ich reif genug war, gab Opa mir die Familienchronik in die Hände. Diese reichte bis 1495 zurück, und ich las sie mit großem Interesse und Achtung.

Die Familie war mehr als 400 Jahre auf der gleichen Scholle in Wilsdruff bei Dresden ansässig. Gern hätte ich einige der Vorfahren über die reinen Tatsachen hinaus näher kennengelernt. Ich verfolgte ihre Lebenswege und die Umsicht, mit der sie ihr Hab und Gut weitergegeben hatten. Besonders eindrucksvoll erschien mir der Lebensweg meines Urgroßvaters Friedrich Anton Reiche, der mit einer Klempnerei und einem Arbeiter begonnen hatte und bei seinem Tod eine Fabrik, die weltweit größte für Schokoladenformen, mit 2000 Arbeitern hinterließ. Ihm kamen die Entwicklung der Industrialisierung und der Aufschwung der Schokolade von einem höfischen Genußmittel zum Volksgenußmittel entgegen. Dies war einerseits durch die Verbilligung der Rohstoffe Kakao und Zucker sowie die billigeren Produktionsmöglichkeiten bewirkt worden.

DER RHODODENDRON

Mein Mann hatte mir erlaubt, mit seinem Auto nach Dresden zu fahren, um Großmutter zu besuchen. Zu dieser Zeit gab es schon Visa für Verwandtenbesuche.

Als der schöne Aufenthalt zu Ende ging, faßte ich den sentimentalen Entschluß, einen Rhododendron aus dem Garten meiner Kindheit nach Wien mitzunehmen. Er wurde im Kofferraum verstaut, wo er gerade Platz hatte und ich etliche Zweige umbiegen mußte. Bei der Heimreise durch die Tschechoslowakei war es sehr heiß. Ich fuhr nicht die internationale Strecke über Prag, sondern eine Abkürzung. In einem kühlen Waldstück blieb ich stehen, um etwas zu essen. Den Kofferraum öffnete ich, um auch dem Rhododendron ein bißchen Kühle zukommen zu lassen.

Auf einmal kam ein Lastwagen und blieb hinter

meinem Auto stehen. Zehn russische Soldaten sprangen heraus, umstellten mein Auto, der Laster fuhr davon. Ich dachte: Nun wollen sie dich vergewaltigen! Ich flüchtete ins Auto und startete den Motor. Als ich die Tür zuschlagen wollte, stürzten zwei Soldaten vor und hielten sie fest. Wir konnten uns nicht verständigen, ich hörte immer nur: »Kommandant«. Mehrere Motorradfahrer waren inzwischen auch angekommen.

In einem günstigen Moment legte ich den Gang ein und gab Vollgas. Einer der Soldaten klammerte sich noch an die offene Tür, fiel dann aber auf die Straße. Ein Motorrad nahm meine Verfolgung auf. Immer, wenn er mich überholen wollte, fuhr ich auf die linke Straßenseite, denn es war kein Verkehr auf dieser Nebenstraße. So ging die Verfolgungsjagd eine ganze Weile, bis ich eine Abzweigung verfehlte und aufgab.

Ich sah nun meine Verhaftung vor mir. Der Motorradfahrer kam an mein Fenster, das ich gehorsam öffnete, er lachte übers ganze Gesicht und konnte deutsch. Er erklärte mir, daß ich verbotenerweise in einem militärischen Sperrgebiet neben einem Militärflugplatz gehalten hatte. Das Militär hatte geglaubt, in dem geöffneten Kofferraum befänden sich irgendwelche Horch- und Meßgeräte. Auf meine Beschwerde, daß das nirgends angeschrieben sei, antwortete er, die Hinweistafeln seien nur in Tschechisch, weil dies keine internationale Route wäre. Als ich ihm den Rhododendron gezeigt hatte, ließ er mich weiterfahren.

DIE LINDE

Nachdem meine Großmutter gestorben und das Haus enteignet worden war, bin ich manchmal heimlich um das Haus geschlichen und hinein, denn die Eingangstore sind total verrostet und lassen sich gar nicht mehr bewegen, daher stehen sie offen.

Nach der Wende bin ich frohgemut ums Haus gegangen, denn ich dachte, ich würde es bald besitzen, aber nun kämpfe ich schon acht Jahre darum.

So viele Gefahren und Wirren hat das Haus erlebt. Großmutter mußte Schmuck verkaufen, um dringende Dachreparaturen bezahlen zu können. Meine Mutter hat ihr ganzes Dresdner Konto für einen Fernheizungsanschluß geopfert. Aber die große Linde vor dem Grundstück auf der Straße hat allen Zeitläufen und Veränderungen getrotzt. Manchmal sage ich in Gedanken: »Du stehst noch genauso unverändert da wie vor sechzig Jahren, du warst damals schon genauso groß, und der Angriff konnte dir nichts anhaben.«

Obwohl die Linde gar nicht zu unserem Garten gehört, steht sie mir nahe, denn mit ihr habe ich vom Kinderzimmerfenster aus über viele Jahre den Wandel der Jahreszeiten erlebt. Ich begrüßte das erste Grün des Frühlings, die Baumkrone reichte bis weit über die Höhe des Fensters hinaus. Später erblickte ich die schattenspendende Laubkrone des Sommers. Im Herbst sah ich den im Wind tanzenden Blättern nach, und zur Winterzeit blinkte oftmals die Sonne durch die kahlen, schneebedeckten Äste.

Wie kann ein Baum so groß, so schön und so alt

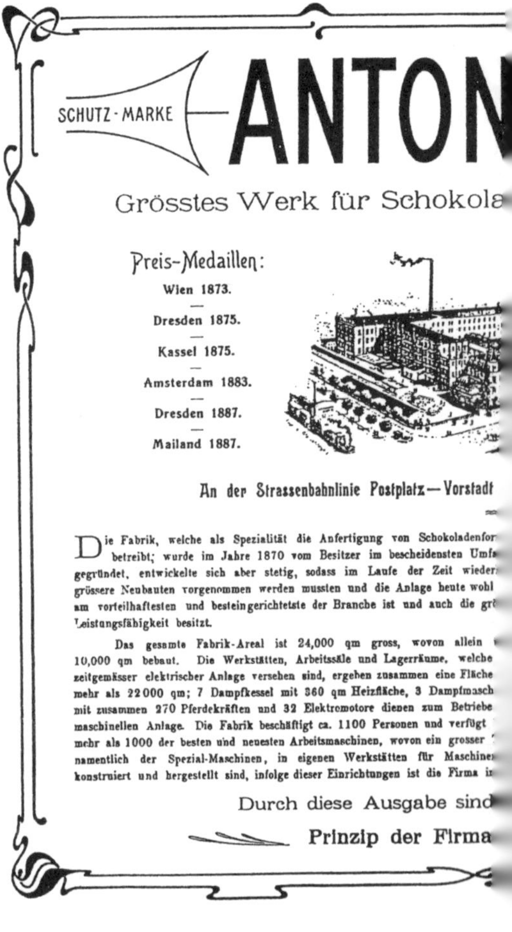

Werbung der Firma Anton Reiche.

REICHE

DRESDEN

MARQUE DÉPOSÉE

ormen und Blechemballagen.

Telegramm-Adresse:
Formreiche, Dresden.

Preis-Medaillen:

Chicago 1893.

Mailand 1894.

Staats-Medaillen.

Ehren-Diplome.

Patente.

Gründungs-Jahr: 1870.

gen, in 8 Minuten vom Postplatz zu erreichen.

age, den an sie gestellten grössten Anforderungen auf das prompteste zu entprechen.

Die Fabrik hat ferner eigenes Zeichen-, Modellier- und photographisches Atelier, ravier- und Ziselier-Werkstätte, lithographisch-artistische Anstalt, Lackiererei, schlerei, Vernickelungsanstalt, Buchbinderei, Kartonnagen- und Kisten-Fabrik hleiferei und Schmiede.

Alle Formen werden von akademisch gebildeten Zeichnern und Modelleuren, chnisch durchdacht, entworfen und nur von den geschultesten Arbeitern bei Verwenng erstklassigen Materials unter sachgemässer Kontrolle ausgeführt. Neuheiten, auch lche der modernen Richtung Rechnung tragend, befinden sich laufend in Vorbereitung.

Der reiche Schatz an praktischen Erfahrungen, welche der Gründer der abrik in der langen Zeit seiner fachmännischen Tätigkeit gesammelt hat und ssen Augenmerk stets auf Verbesserungen gerichtet ist, bürgt wohl am besten ein gediegenes, sorgfältig ausgeführtes und preiswertes Fabrikat, dessen guter f auch auf dem Weltmarkt anerkannt ist.

eren Musterbücher ungültig.

reell und solid.

werden, wenn er völlig von Asphalt eingeschlossen ist? Vielleicht bezieht er unterirdisch Wasser von meinem Garten und ist damit doch ein Teil von ihm?

DER WIND

Nach der Wende war es schwer, in Dresden ein Hotelzimmer zu bekommen. Weil ich zu einem bestimmten Termin in Dresden sein wollte, rief ich die einzige Familie im Haus meiner verstorbenen Großmutter an, die ich noch kannte, und fragte, ob irgend jemand uns ein Zimmer vermieten könne.

Von da an hatte ich das Glück, in meinem ehemaligen Kinderzimmer wohnen zu dürfen. Das Haus war enteignet, ich besaß keinerlei Rechte.

Dieses Zimmer war etwas Besonderes. Durch die spezielle Architektur mit ihren Erkern und Giebeln ist bei Wind ein unvergleichbares Singen und Summen zu hören, das es sonst nirgends gibt. In meinem Bett, das genau an der selben Stelle stand wie früher, lauschte ich der seligen Musik meiner Kindheit. Wie oft hatte ich mir gewünscht, das nochmals zu hören. Ich habe es jetzt oft hören können, denn in Dresden geht wegen dem Sog des Elbtales meistens Wind.

Ich sah auf der Zimmerdecke die Lichter der Straßenlaterne durch die Spalten des Rolladens blinken. So hatte ich stets am Nachmittag des Heiligen Abends die Lichter voller Erwartung vom Bett aus beobachtet, denn ich mußte an diesem Nachmittag immer »schlafen«, damit ich abends länger aufbleiben durfte.

Noch eine Musik hat dieses Haus zu bieten. Gern las ich abends noch im Bett, vorwiegend Karl May. Omi kam eine gewisse Zeit nach dem Zubettgehen hinauf, um zu sehen, ob ich schon schliefe. Durch das Knarren der Eichentreppe wurde ich nicht nur rechtzeitig gewarnt, sondern wußte ganz genau, auf welcher Stufe sie sich befand. Schnell schaltete ich das Licht aus, und wenn sie die Tür einen Spalt öffnete, atmete ich tief und gleichmäßig. Wenn ich heute die Treppe benütze, horche ich aufmerksam und lächle.

MEIN GROSSELTERNHAUS NACH DER WENDE

Jetzt bin ich öfter in Dresden, weil ich die komplizierte Rückgabe meiner Grundstücke betreibe. Jedesmal, wenn ich um das Haus gehe, betrachte ich voll Kummer seinen erbarmungswürdigen Zustand. Im Inneren ist von den Bewohnern, die teilweise schon zu Großmutters Lebzeiten dort wohnten, alles sehr gepflegt. Die Parketts sind sauber und versiegelt, das Treppenhaus frisch tapeziert, Türen und Heizkörperverkleidungen sind in gutem Zustand. Aber das Äußere sieht immer noch wie nach dem Bombenangriff aus: Löcher in der Fassade wurden mit Beton verschmiert, die Dachrinnen sind kaputt, Wasser rinnt herunter und läßt die Fassade abbröckeln. Das Dach hat Löcher und die Ziegel sind aufgefroren. Der Dachstuhl ist noch teilweise angebrannt und verstärkt. Alle Versorgungsleitungen von Strom und Wasser müssen erneuert werden.

Mein Großelternhaus.

Obwohl auch der Garten vorbildlich gepflegt ist, ist der Plattenweg des Eingangs zerbröselt und völlig uneben. Wie gerne habe ich hier als Kind Kreiseltreiben gespielt. Jetzt muß man aufpassen, daß man nicht über die losen Plattenfragmente stolpert. Im Hof, der mit kleinen Granitwürfeln gepflastert ist, gibt es Höhenunterschiede von 50 cm, weil hier für die Fernheizung gegraben wurde und Setzungen die Folge waren. Daß der Keller trockengelegt werden muß, ist ein weiteres Problem.

Alles in allem werden die Sanierungen über eine Million Mark kosten, aber die Bausubstanz des schönen Hauses ist sehr gut, und Fenster und Türen wurden immer gestrichen.

DER KOFFER

Vor ein paar Tagen holte ich den Lederkoffer, den mir Mutter so ans Herz gelegt hatte, hervor. »Bewahre den Koffer« hatte sie gesagt. Er enthielt Briefe von Großmutter an ihr einziges Kind von 1941, unserer Übersiedlung nach Wien, bis zu ihrem Tod 1959. Sie schrieb täglich und sandte die Blätter alle paar Tage ab.

Ich betrachtete den Koffer mit den Resten von Hotelaufklebern prominenter Orte ganz Europas. Ich zögerte, weil ich Angst hatte, denn ich wußte, großer Kummer würde über mich kommen beim Lesen des bitteren Schicksals meiner Großeltern nach dem Krieg.

Alle Briefe waren geordnet, mit Jahreszahlen beschriftet und mit Bändchen zusammengebunden. Ich suchte Weihnachten 1944 und die Jahre 45 und 46 heraus. Ich betrachtete die vertrauten Schriftzüge und begann, sie mir im Geiste in Tonfall und Sprache meiner Großmutter vorzulesen. Es war, als hörte ich ihre Stimme wirklich und als sähe ich sie vor mir.

Auch von mir fand ich Briefe darunter, denn ich war ja zu den Großeltern evakuiert worden.

14.1.1945
Ich schrieb: »Opi hat mir die unbenützten Lagen aus seinen alten Operationsbüchern rausgetrennt, – noch gutes Friedenspapier – dazu festen Bauchnähzwirn gegeben, da habe ich mir zwanzig prima Schulhefte genäht. Außerdem kann ich Euch nun wieder viel schreiben. Bitte schickt mir 15 bittere Mandeln, ich möchte Marzipan machen.«

18.2.1945
Nach den Schilderungen des Angriffs: »Ich hoffe, daß das das Grausamste ist, das ich je in meinem Leben erleben muß.«

8.3.1945 (drei Wochen nach dem Angriff)
Großmutter: »Eben Euer Telegramm vom 20.2. erhalten, wo Ihr besorgt fragt, ob wir noch leben.«

20.3.1945 (drei Wochen nach meiner Flucht nach Wien)
»Endlich erhielten wir die erlösende Nachricht, daß Monel in Wien angekommen ist.«

Nach Kriegsende war eine lange Pause, wo es gar keine Post gab, dann brauchte sie oft Monate und war nun mit dem russischen Zensurstempel versehen.

14.8.–19.10.1945
»Welch Schicksal haben wir erlitten, unser geliebtes Dresden – ein Trümmerhaufen, die Existenz vernichtet ... wir haben nichts verschuldet, das weiß Gott.«

6.11.1945
»Ursel brachte Adresse vom Österreichischen Repatriierungskomitee, da geht aller vier Wochen ein Kurier nach Wien, der auch Briefe mitnimmt, wie dankbar sind wir da. Euer Brief Nr. 1 ist nicht angekommen, Nr. 2 ist das einzige Lebenszeichen nach Kriegsende. Was war nun mit Monel beim Russeneinmarsch, Ihr schreibt gar nichts darüber, wir machen uns so Sorgen, man hört Schreckliches?«

24.11.1945
»Werden die verkohlten Möbel einem Altwarenhändler verkaufen, auch wenn wir nur ein paar Mark kriegen, wir brauchen es. Da wir samt Ordination nur drei Zimmer haben, brauchen wir nicht mehr alle, aber die guten heben wir für Monel auf, wenn sie mal heiratet.«

— 1946 —

12.6.1946
»Es gibt neuerdings ein Lebensmittelgeschäft in einer Garage in der Liebigstraße.«

14.6.1946
»Der Verwundete, dem Opi das Bein gerettet hat, war mit seiner kranken Frau da. Er kann das nicht

vergessen, im Lazarett wollten sie ihm das ganze Bein amputieren, er bettelte so, daß sie ihn zu Opa verlegten (im Krieg waren in der Frauenklinik auch Verwundete). Er sagt immer stolz, nun könne er wieder zwei Zentner tragen. Er ist traurig, daß Opi keine Operationsmöglichkeit mehr hat, aber wir haben sie zu Prof. Fromme geschickt, da ist sie in den besten Händen. So lange sie in der Klinik ist, schläft er bei uns, damit er sie besuchen kann.«

14.7.1946
»Früh 12 Uhr hat unser Opi seine treuen Augen für immer geschlossen, ohne jeden Todeskampf. So endete sein Leben, wir müssen ihm die Ruhe gönnen, er wollte nicht mehr leben. Dr. Kulke sagte, so einen schönen Tod gäbe es selten, dafür müssen wir sehr dankbar sein. Er hat einen friedlichen Ausdruck – schade, daß Ihr ihn nicht sehen könnt!

Beiliegendes Telegramm wurde nicht angenommen, habe es auch bei den Russen probiert – umsonst. Macht Euch keine Minute Sorgen um mich.«

(Mehr als ein Jahr nach dem Krieg sollte es 1½ Monate dauern, bis Großmutter die Antwort auf die Todesnachricht erhielt!)

16.8.1946
»War auf dem Bahnhof fragen, ob schon Züge nach Wien gehen. Eichhorn möchte die verbrannten Instrumente von Opa haben, denn sein Sohn läßt sich als Arzt nieder. Unser Opa verschläft viel Schweres, wir müssen ihm seine wohlverdiente Ruhe gönnen. Ich bekomme viele Zuschriften, die Leute wollen seine Anzüge und Mäntel kaufen, bieten 200 Mark

pro Stück. Aber ich kann nichts hergeben, denn Alfred und Anton besitzen nur den einen Anzug, den sie beim Angriff trugen.«

28. 8. 1946
»Heute habe ich Euren schweren Brief erhalten nach Opas Tod. Ihr habt es mir leicht gemacht mit Euren Worten. Nun will ich drangehen, Euch das Heimathaus zu erhalten. Rainers waren 14 Tage nach Linz unterwegs.«

14. 11. 1946
»Alle tragen Skistiefel, weil sie kein anderes Schuhwerk mehr haben. Die Handwerker müssen mir meine Flasche Öl gestohlen haben, ich habe sie für Euch aufgehoben, denn ich wollte schöne Bratkartoffeln machen, wenn Ihr kommt, ich habe zwei Stunden gesucht. Eine Patientin brachte mir ein Stückchen Schweinefett und herrliche Knochen. Es gibt den ganzen Tag kein Licht, ich kann nicht kochen. Gestern bin ich mit der Straßenbahn zur Herzel gefahren, es ist entsetzlich, nur Trümmer sehen zu müssen, daß Du ja nicht weinst!«

19. 11. 1946
»Bei 15 Grad Kälte fehlen einem die Doppelfenster und die Rolläden. Käthe brachte schneeweißes Mehl, da lasse ich mir ein Brot für Weihnachten backen, wenn Herzel kommt. Ernstel läßt grüßen, er besitzt nur ein paar Strümpfe, die bestehen nur noch aus Gestopftem. Nichtarbeitende bekommen alle 14 Tage ein Brot, 6 dkg Butter, 12 dkg Fleisch; ½ Pfund Zucker im Monat, bissel Kunsthonig oder Marmelade. Wie gut, daß ich aus dem Garten viel

eingekocht habe, aber es wurde zuviel geklaut, weil der Zaun nicht mehr komplett ist. Früh und abends esse ich ein Röstbrot, entweder mit Zucker oder Tomate oder Gurke.«

22.11.1946
»Anton kam mit ein Paar Schuhen von Änni, sie passen, nun habe ich keine nassen Füße mehr, der Schuster färbt sie schwarz.«

6.12.1946
»Nun wünsche ich Euch gesegnete Weihnachten, ich werde in Gedanken bei Euch sein. Macht Euch keine Minute um mich Sorgen, so viele gute Menschen stehen mir bei. Ich werde mir den Holzleuchter mit den zwei Kerzen, die mir Herzel zum Geburtstag schenkte, aufstellen und bissel Tanne drum geben.«

Nachwort

Ich habe meine Stadt durch viele Zeiten begleitet. Ursprünglich wollte ich diese Erinnerungen nur für meine Kinder niederschreiben, weil diese Erlebnisse ein Teil meines Lebens sind. Ich wollte auch nicht, daß alles für immer vergessen wird. Opa sagte beim Abschied, als ich nach dem Angriff die Flucht nach Wien antrat: »Wenn Du es einmal kannst, schreibe auf, was hier passiert ist, es ist wichtig.« Dann fand ich zu der Überzeugung, daß meine Erinnerungen eigentlich Zeitgeschichte seien und es in zehn Jahren vielleicht keinen Augenzeugen mehr gäbe. So beschloß ich, ein kleines Buch zu schreiben. Während der Arbeit kamen mir Bedenken, ob mein Schicksal vielleicht zu unbedeutend sei, denn ich hatte vom Hörensagen schreckliche Dinge gehört, man denke nur an die Frauen, die in dieser Nacht Kinder gebaren. Später zweifelte ich an meiner Schreibweise, weil ich keine Schriftstellerin bin. Letztlich überwog einfach der Wunsch, es zu tun.

Jahrzehntelang hatte ich nicht die Kraft, mich intensiv mit den Erlebnissen zu beschäftigen. Obwohl die Zeit die Wunden nicht geheilt hat, bin ich durch die Fährnisse des Lebens gereift und widerstandsfähiger geworden. Jetzt kann ich mich erinnern.

Beim Schreiben ist es, als ob man noch ein zweites Mal sein Leben leben darf. Die Verstorbenen sind einem wieder nah, und zwischen den schreck-

Blick von der Katholischen Hofkirche auf die Brühlsche Terrasse.

lichen Ereignissen gibt es immer wieder Momente höchsten Glücks: wenn man beispielsweise erkannte, daß man trotz aller Unwahrscheinlichkeit mit den Großeltern noch am Leben war, wenn man einen Totgeglaubten plötzlich wiederfand oder wenn man nach der Flucht aus der verwüsteten, schwelenden Stadt ein bekanntes Zuhause in einer unversehrten Umgebung gefunden hatte.

Alle, die diese Stunden nicht durchmachen mußten, werden das Geschehene nie nachempfinden können. Und alle, die es erleben mußten, werden ein Leben lang davon verfolgt und sind gezeichnet.